Benehmen
Bitte, danke, gern geschehen

Text von Kerstin Schopf

Illustriert von Karl-Heinz Höllering

———

Für Finn,

der gerne wissen wollte,

wer Knigge war

———

www.BennyBlu.de

Benny Blu im Bus

Benny Blu und seine Mutter wollen heute Bennys Großeltern besuchen. Deshalb fahren sie mit dem Bus auf's Land. Benny freut sich.

Als der Bus kommt, jammert Benny entsetzt: „Oje, der Bus ist ja ganz voll! Da bekommen wir bestimmt keinen Sitzplatz. Wir müssen stehen!"

„Halb so wild", beruhigt ihn seine Mutter. „Wir halten uns an der Stange fest!" Im Bus ist ein fürchterliches Gedränge. Ein Junge hat seine Füße auf dem Sitz. Ein Mädchen hört laut Musik.

Endlich sind Benny Blu und Mama angekommen. „Puh, bin ich froh, dass wir aus dem Bus raus sind! Das war anstrengend!", meint Benny.

„Stimmt", bestätigt Bennys Mama. „Die Leute müssten nur ein paar Knigge-Regeln beachten. Dann wäre vieles leichter und angenehmer!"

„Was für Regeln?", wundert sich Benny Blu. „Wer war Knigge? Wieso soll man sich gut benehmen? Wozu gibt es Tischmanieren? Und welche Benimm-Zauberwörter gibt es?"

Zu Omas Zeiten

Früher achtete man noch viel mehr darauf, sich gut zu benehmen. Zum Beispiel mussten beim Essen die Ellenbogen eng am Körper liegen.

Benny Blu Wissens-Tipp

Begrüßung

Jungen machten früher einen „Diener", eine leichte Verbeugung. Mädchen beugten beim „Knicks" leicht die Knie.

Wer war Knigge?

Vor etwa 250 Jahren lebte in Hannover Adolph Franz Friedrich Ludwig Freiherr von Knigge. Er war Schriftsteller und ein echter Benimm-Profi.

Fairer Umgang

Ihm war wichtig, dass die Menschen fair miteinander umgehen. Deshalb schrieb er darüber ein Buch. Viele „Knigge-Regeln" gelten heute noch.

Rücksicht nehmen

Jeder ärgert sich mal über andere. Wer sich aber gut benimmt, verbreitet auch gute Laune.

Freundlich sein

Jeden Tag ist man mit vielen Menschen zusammen. Bist du freundlich, dann sind die anderen auch nett zu dir.

Das gilt nicht nur für Kinder. Auch Jugendliche und Erwachsene sollten sich gegenseitig aufmerksam behandeln. Das macht vieles leichter.

Regeln gibt es überall

Mit anderen Menschen auszukommen, ist oft nicht einfach. Deshalb gibt es Regeln für alle Lebensbereiche. Auf der Straße sind zum Beispiel Verkehrsregeln besonders wichtig.

Benny Blu Tipp: Denk mal nach!

Stell dir vor, es gäbe überhaupt keine Verkehrszeichen. Das wäre ein Chaos! Man wüsste nicht genau, wer zuerst fahren darf.

Gutes Benehmen fängt zu Hause an

Einfach in ein fremdes Zimmer zu stürmen, ist unhöflich. Am besten klopfst du immer an.

Wohl fühlen

In deinem Zimmer willst du dich wohl fühlen. Deshalb schadet es nicht aufzuräumen. Auch deine Freunde kommen dann gerne.

Benny Blu Tipp: Denk mal nach!

Stell dir vor, du ziehst gerade deinen Schlafanzug an. Plötzlich macht jemand die Tür auf, ohne anzuklopfen. Wie unangenehm!

Benny Blu Internet-Tipp

Wie wär's mit einem Benny Blu Türschild „Bitte anklopfen"? Im Internet unter www.BennyBlu.de findest du eine Vorlage dafür. Du kannst es an die Türklinke hängen.

Guten Morgen!

Bist du ein Morgenmuffel? Begrüße deine Familie morgens trotzdem freundlich. So fängt dein Tag viel schöner an.

Im Bad

Morgens will jeder schnell ins Bad. Nimm darauf Rücksicht. Trödle nicht zu lange herum. Übrigens: Ein sauberes Bad hat jeder gern!

Zauberwörter

Du kennst sie bestimmt schon: die Zauberwörter „bitte" und „danke".

Bitte und Danke

Mit dem Wort „bitte" klingt alles viel freundlicher. Das beginnt schon beim Frühstück mit der Frage: „Gibst du mir bitte den Honig?"

Wer höflich ist, bedankt sich für's Essen, für Geschenke oder ein Lob. Hilft dir jemand, sag einfach „Danke". Dann hilft man dir gerne wieder.

Benny Blu Benimm-Zauberwörter

1. Sag **„bitte"**, wenn du etwas brauchst,
2. **„danke"**, wenn dir jemand etwas gibt,
3. **„gern geschehen"**, wenn zu dir jemand „danke" sagt.

In der Schule

Im Schulbus geht es oft ruppig zu. Ältere Menschen freuen sich dann besonders über einen Sitzplatz.

Benny Blu Benimm-Tipp

Deine Füße solltest du nicht auf den Sitz im Bus legen. Andere Fahrgäste machen sich sonst die Kleidung schmutzig.

Pünktlichkeit

Gehe rechtzeitig los. Dann kommst du pünktlich in die Schule. Deine Freunde freuen sich sicher schon auf dich. Lass sie nicht warten!

Begrüßen ...

Begrüße deinen Lehrer und deine Mitschüler morgens freundlich. Dann wissen alle, dass du da bist!

... aber wie?

Nenne deine Freunde auch mal beim Namen. „Hallo Lena!" klingt doch nett! Schaue dabei deiner Freundin in die Augen.

Melden und zuhören

Willst du im Unterricht etwas sagen, melde dich. So wissen die anderen Schüler, dass sie dir zuhören sollen.

Nicht auslachen

Jeder sagt mal etwas Falsches oder bekommt eine schlechte Note. Wer will da schon ausgelacht werden?

Ein neuer Schüler

In der Klasse sollte niemand ausgeschlossen werden. Neue Mitschüler kennen zu lernen ist spannend. Gehe offen auf andere zu!

Stelle neue Freunde auch zu Hause vor: „Hallo, das ist Martin, ein Freund von mir!" Wenn du neue Freunde besuchst, stelle dich selbst vor. Dann kann dich jeder mit deinem Namen ansprechen.

Tischmanieren

Wer bei Tisch rülpst und schmatzt, verdirbt den anderen leicht den Appetit. Halten alle die Benimm-Regeln ein, macht gemeinsames Essen mehr Spaß!

Weniger ist mehr

Lade dir nicht mehr auf den Teller als du essen kannst! Nimm lieber zwei kleine Portionen nacheinander.

Mund schließen

Kaue gründlich und lass dabei deinen Mund zu. So kann nichts herausfallen!

Richtig herum
Bitte führe das Besteck zum Mund und nicht den Mund zum Teller!

Fertig!
Warte bis alle fertig gegessen haben! Deine Eltern freuen sich, wenn du beim Tischabräumen hilfst.

Benny Blu Zwischenfrage
Wie schaffst du es, dass dir im Unterricht alle zuhören?

Wenn du es nicht mehr genau weißt, schau noch einmal auf Seite 15 nach!

Zu Hause

Im Haushalt gibt es immer viel zu tun. Jeder sollte mit anpacken. Dann geht es schneller. Hilf einfach mal in der Küche mit!

Benny Blu Familien-Tipp

In der Familie können sich alle gegenseitig helfen. Dann bleibt mehr Zeit übrig. So kann man viel gemeinsam unternehmen.

Telefonieren will gelernt sein

Dass man sich am Telefon begrüßt, ist wichtig. Nenne auch immer deinen Namen.

Sprich deutlich und erkläre, warum du anrufst.

Der richtige Zeitpunkt

Spätabends oder früh am Morgen anzurufen, stört. Telefoniere lieber tagsüber!

Im Alltag

Musst du niesen oder husten gilt: Hand vor den Mund! Du steckst sonst andere mit deiner Erkältung an.

Beim Einkaufen

Morgens ist beim Bäcker viel Betrieb. Trotzdem sollte jeder geduldig warten. Über Leute, die sich vordrängeln, ärgern sich alle. Das muss nicht sein!

Mit einem Lächeln geht's besser!

Lächeln hilft in vielen Situationen. Die Menschen reagieren darauf viel freundlicher. Wenn du um etwas bittest und dabei lächelst, wirkt das oft Wunder.

Benny Blu Aktions-Tipp

Versuche einmal, den ganzen Tag möglichst viele Menschen anzulächeln. Zähle mit: Wie oft hast du gelächelt? Und wie viele haben zurückgelächelt?

Entschuldigung!

Jedem passieren mal Fehler: Schnell ist eine Tasse Kakao ausgeschüttet. Oder es fällt etwas auf den schönen Teppich.

Entschuldige dich – dann ist alles halb so schlimm. Der andere merkt dann, dass es dir leid tut.

Benny Blu Benimm-Test

Bist du schon ein echter Benimm-Profi? Das kannst du hier testen! Kreuze den Buchstaben hinter deiner Antwort an.

① Im Bus sind alle Plätze besetzt. Eine alte Frau steigt ein. Was machst du?

Ich schaue in eine andere Richtung. Ⓑ
Ich warte ein wenig, bis jemand aufsteht. Ⓒ
Ich stehe auf und biete meinen Platz an. Ⓐ

Alle Lösungen findest du auf Seite 32!

2 Du kommst am Morgen ins Klassenzimmer. Wie verhältst du dich?

Ich rufe kurz „Hey" in die Runde. B
Ich begrüße alle mit „Guten Morgen". A
Ich sage nichts, weil ich noch zu müde bin. C

3 Du willst beim Bäcker einkaufen. Viele Leute stehen vor dir. Was tust du?

Ich warte ruhig, bis ich an der Reihe bin. A
Ich versuche mich vorzudrängeln. C
Ich warte zwar, schimpfe aber laut dabei. B

Andere Länder, andere Sitten

Großbritannien

Drängeln wird in Großbritannien gar nicht gerne gesehen. Es gilt als äußerst unhöflich.

Spanien

Nachmittags ist in Spanien Siesta. Zu dieser Zeit sollte man auf keinen Fall stören!

Frankreich

Die Franzosen tunken ihr Croissant beim Frühstück in den Kaffee oder Kakao.

China

Hier ist schmatzen erlaubt.

Benny Blu Wissens-Tipp

In allen asiatischen Ländern ist es unhöflich, wenn man laut lacht und dabei die Zähne zeigt! Dort sollte man wenigstens die Hand vorhalten!

Benny Blu Knigge-Rätselbild

Sicher entdeckst du die Benimm-Fehler in diesem Bild? Kreuze sie an!

Alle Lösungen findest du auf Seite 32!

Benny Blu Bücher
... vermitteln Wissen kinderleicht
... machen fit für die Schule
... bringen Spaß für die Leser

Wissen für alle von 5 bis 105!

Andreas Hinkel   Ralf Zacherl

Lukas Koch   Thomas Bug

Prominente Autoren

Viele prominente Autoren geben ihr Sachwissen gerne weiter. Zusammen mit Benny Blu setzen sie sich regelmäßig für Kinder in schwierigen Lebenssituationen ein.

Henry Maske   Nina Ruge

Walter Röhrl   Christian Häckl

Kein Benny Blu Buch verpassen!

Wer kein Benny Blu Buch verpassen will, nutzt den **Benny Blu Newsletter-Service**. Mehr Infos unter www.BennyBlu.de.

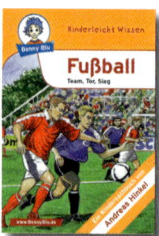
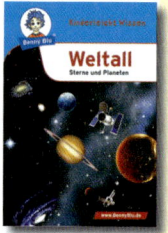
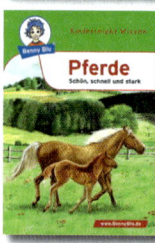

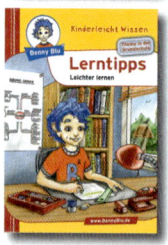

Bereits erschienen:

Adler – Könige der Lüfte
Ägypten – Leben am Nil
Altes Rom – Soldaten, Götter, Spiele
Autos – Vom Dampfwagen zum Flitzer
Babys – Das Leben beginnt
Bauernhof – Leben auf dem Land
Benehmen – Bitte, danke, gern geschehen
Bienen – Fleißige Honigmacher
BRD – So ist sie aufgebaut
Brot – Vom Mehl zum Brot
Bücher – So werden sie gemacht
Christentum – Der Glaube an Jesus
Delfine – Schlaue Schwimmer
Dinosaurier – Faszinierende Urtiere
Eichen – Vom Samen zum Baumriesen
Eisbären – Raues Leben in der Arktis
Eisenbahn – Von der Pferdebahn zum ICE
Elefanten – Sanfte Riesen
Erde – Unser Lebensraum
Fernsehen – Filmen, senden, gucken
Feuerwehr – Löschen, retten, bergen, schütz
Flugzeuge – Vom Gleiter zum Airbus
Frösche – Quakkonzert am Teich
Fußball – Team, Tor, Sieg
Gefühle – Glücklich, wütend, fröhlich sein
Gehirn – So denken wir
Gemüse – Gesunde Fitmacher
Getreide – Vom Korn zum Mehl
Glas – Stoff mit Durchblick
Gorillas – Große Menschenaffen
Haie – Scharfsinnige Jäger
Handy – Telefone und Funklöcher
Hausbau – Von der Planung zum Einzug
Hecke – Bäume, Sträucher, Tiere
Heilpflanzen – Blüten, Tee und Zauberkraft
Hunde – Freunde der Menschen
Igel – Stachlige Urtiere
Indianer – Wigwam und Büffeljagd
Kaninchen – ... und Hasen
Kartoffeln – Lecker und gesund
Katzen – Schnurren oder kratzen
Kino – Wie die Bilder laufen lernen
Körper – So funktioniert er
Kolumbus – Entdeckung der Neuen Welt
Landschildkröten – Lebende Urtiere

Lerntipps – Leichter lernen
Löwen – Mächtige Raubkatzen
Meisen – Geschickte Gartenvögel
Mensch – So hat er sich entwickelt
Milch – Vom Euter bis zur Flasche
Ostern – Das Fest der Freude
Papageien – Bunt und gesellig
Pferde – Schön, schnell und stark
Pilze – Vielseitig und nützlich
Piraten – Räuber der Meere
Polizei – Hilfe, Schutz, Verbrecherjagd
Radio – Senden und empfangen
Raumfahrt – Reisen ins All
Ritter – Lanze, Ross und Reiter
Schiffe – Segelschiffe, Dampfer, Frachter
Schlangen – Züngeln, schlängeln, zischen
Schmetterlinge – Von der Raupe zum Falter
Schokolade – Süßes vom Kakaobaum
Sport – Olympisch fit und fair
Strom – Unsichtbare Energie
Tannen – Immergrüne Nadelbäume
Tiger – Gestreifte Großkatzen
Verkehr – Sicher auf der Straße
Vulkane – Feuer speiende Berge
Wasser – Aus der Quelle ins Glas
Weihnachten – Das Fest der Liebe
Weltall – Sterne und Planeten
Wetter – Regen, Wolken, Sonnenschein
Wiese – Blumen, Gräser und Tiere
Wikinger – Raues Seefahrervolk
Zähne – Starke Beißer
Zeit – Messbar, aber nicht zu fassen
Zucker – Aus der Rübe in die Tüte

... und viele weitere Titel.

Mehr Infos zu Benny Blu
unter der Hotline:
01805/71 15 71 (0,12 €/Minute)
oder im Internet unter:

www.BennyBlu.de

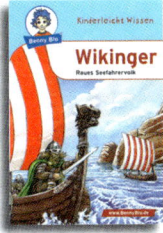

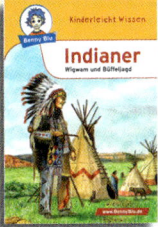

Alle Lösungen auf einen Blick

Damit du die Lösungen lesen kannst, musst du das Buch drehen.

Von Seite 18:

Benny Blu Zwischenfrage
Sehr gut! Melde dich einfach!

Von Seite 24/25:

Benny Blu Benimm-Test
Wie oft hast du den Buchstaben Ⓐ angekreuzt?

Gar kein Ⓐ : Am besten liest du dir das Buch noch einmal durch.

Einmal Ⓐ : Du musst noch ein bisschen üben.

Zweimal Ⓐ : Denk noch einmal nach. Was könntest du noch besser machen?

Dreimal Ⓐ : Perfekt! Du bist ein echter Benimm-Profi!

Von Seite 28:

Benny Blu Knigge-Rätselbild